Rüdiger Bittners "Humanitäre Interventionen sind unrecht". Eine kritische Textanalyse

Aleksandra Lemp

Bibliografische Information der Deutschen Nationalbibliothek:

Die Deutsche Nationalbibliothek verzeichnet diese Publikation in der Deutschen Nationalbibliografie; detaillierte bibliografische Daten sind im Internet über http://dnb.d-nb.de abrufbar.

ISBN: 9783346580047
Dieses Buch ist auch als E-Book erhältlich.

© GRIN Publishing GmbH
Nymphenburger Straße 86
80636 München

Druck und Bindung: Books on Demand GmbH, Norderstedt Germany
Gedruckt auf säurefreiem Papier aus verantwortungsvollen Quellen

Das vorliegende Werk wurde sorgfältig erarbeitet. Dennoch übernehmen Autoren und Verlag für die Richtigkeit von Angaben, Hinweisen, Links und Ratschlägen sowie eventuelle Druckfehler keine Haftung.

Das Buch bei GRIN: https://www.grin.com/document/1168655

Universität Potsdam

Philosophische Fakultät

Lebensgestaltung – Ethik – Religionskunde

- Modularbeit-

Die kritische Textanalyse
Rüdiger Bittner: Humanitäre Interventionen sind unrecht

Aus: Humanitäre Interventionsethik.
Was lehrt uns der Kosovo- Krieg?

Vorgelegt von: Aleksandra Lemp

Inhaltsverzeichnis

1. Einleitung

„Die Geschichte lehrt die Menschen, dass die Geschichte die Menschen nichts lehrt."-
Mahatma Ghandi

Kriege werden seit tausenden von Jahren geführt und bringen den Menschen jedes Mal viel Leid. Niemand möchte, dass seiner Familie solch ein Schicksal trifft, wie Milliarden Menschen zuvor. Doch Gründe für Kriege finden sich immer. Es reicht allein, wenn zwei Parteien gegensätzliche Meinungen vertreten und zu einer gemeinsamen Verhandlung unfähig sind, wie im Falle Jugoslawiens. Kurz schildere ich die Vorgeschichte, die für ein gewisses Verständnis der Situation und dem folgenden Text dienen soll.

Der Konflikt zwischen den Kosovo- Albanern und den Serben reicht bis ins Mittelalter. Ab dem Zeitpunkt gab es immer wieder Vereinigungen und erneute Spaltungen beider Völker. 1974 erhielt Kosovo weitgehende Autonomierechte, die im Jahre 1989 unter Milosevic wieder entzogen wurden. Unter seiner Regierung diskriminierte man Kosovo- Albaner und verdrängte sie aus dem öffentlichen Leben. Dies wollten sie sich nicht mehr gefallen lassen und gründeten unterschwellig eine eigene Regierung. Daneben agierte die Befreiungsarmee Kosovo UCK mit Gewalt gegen serbische Staatsdiener und Einrichtungen. Diese wiederum gingen auf die albanische Bevölkerung zu. Immer wieder gab es Vorfälle bis es sich 1998 zuspitzte. Die Vereinten Nationen (UN), welche für den Weltfrieden und soziale Gerechtigkeit einstanden, halfen beiden Völkern bei Verhandlungen. Jedoch blieben diese erfolglos, weil Milosevic sich der Einwilligung verweigerte.[1] Die NATO, das Verteidigungsbündnis der UN, sah nur eine Lösung, nämlich einen Luftangriff auf die Bundesrepublik Jugoslawien (Serbien und Montenegro). „200.000 Serben flüchteten aus der Provinz"[2] und die Streitkräfte, die Kosovos Dörfer eingenommen haben, zogen sich zurück. Der weitere Verlauf der Geschichte ist für diese Arbeit zunächst unwichtig. Interessant ist die Tatsache, dass die NATO, welche die Ideologie vertritt: „Angriffskriege sind verboten"[3], zum ersten Mal eine Ausnahme machte. Der Kosovokrieg wird nicht als (normaler) Krieg angesehen, sondern als *Humanitäre Intervention* begründet.[4] Das Wort hört sich erstmal sehr positiv an, doch „Humanitäre Interventionen sind höchst umstrittene Formen militärischer

---

[1] Rütsche, Norbert: Kosovo - ein Überblick über die Geschichte. (2008) URL:
http://archiv.eurotopics.net/de/home/presseschau/archiv/magazin/politik-verteilerseite/kosovo-2008-03/kosovo_ueberblick_geschichte/ [Stand: 25.02.2019].
[2] Vgl. Ivanji, Andrej: Wie es zum Krieg im Kosovo kam. (15. Mai 2018, 10:55 Uhr) URL:
https://www.mdr.de/heute-im-osten/ostblogger/wie-es-zum-Krieg-im-Kosovo-kam-100.html [Stand: 25.02.2019].
[3] Vgl. Meggle, Georg: Humanitäre Interventionsethik. Paderborn: mentis Verlag GmbH 2004, S.9.
[4] Vgl. ebd.

Gewaltanwendung mit dem Ziel der Vermeidung und Beendigung schwerer Menschenrechtsverletzungen. Eine humanitäre Intervention findet statt, wenn ein Staat, eine Gruppe von Staaten oder eine internationale Vereinigung militärisch in einem fremden Luftraum oder Staatsgebiet interveniert, um die Bevölkerung des fremden Staates vor schweren Menschenrechtsverletzungen zu schützen."[5]

Mit Gewalt sollen also Menschenrechte geschützt werden. Dies ist ein durchaus kontroverses Thema, welches Rüdiger Bittner in seinem Text am Beispiel des Kosovo-Krieges aufgreift. Zwar ist der Krieg schon viele Jahre her, doch die Idee von humanitären Interventionen ist immer noch beständig. Deshalb ist eine Auseinandersetzung mit dem Thema für eine eigene Meinungsbildung notwendig.

2. Textrekonstruktion

Das Buch „Humanitäre Interventionsethik. Was lehrt uns der Kosovo-Krieg?" herausgegeben von Meggle ist ein Sammelband aus vielen Texten verschiedener Autoren und behandelt den Kosovo-Krieg aus unterschiedlichsten Perspektiven. Dazugehörig ist auch Rüdiger Bittners Text mit der klaren Botschaft: Humanitäre Interventionen sind unrecht.

2.1 Aufbau der Argumentation

Bittner entschied sich dafür, seine vollständige Argumentation anhand eines Analogiebeispiels zu verdeutlichen. Demnach erzählt er zuerst eine Geschichte bevor er zu argumentieren beginnt. Diese handelt von einem Herrn Clinton, welcher Herrn Norman bittet, eine Frau Petrovic umzubringen. Diese Tat soll als eine Widerstandsaktion gegen Herrn Milosevic dienen, um einen Herrn Pernat zu schützen, da dieser sonst von Herrn Milosevic umgebracht werden würde, so wie er es zuvor mit anderen praktizierte.

Diese Geschichte gleicht der Situation, die während einer humanitären Intervention vorherrscht. Clinton war der damalige US-Präsident und steht in der Geschichte an Stelle der NATO. Milosevic war der damalige Präsident von Jugoslawien und führte einen Bürgerkrieg, bei dem viele unschuldige albanische Mitbürger ums Leben kamen. Diese stehen in der Geschichte unter dem Namen Pernat. Die geopferte Frau Petrovic symbolisiert

---

[5] Vgl. Rinaldi, Stefanie: Humanitäre Interventionen: militärische Operationen zum Schutz der Menschenrechte (24.08.2015) URL: https://www.humanrights.ch/de/internationale-menschenrechte/uno/sicherheitsrat/interventionen/ [Stand: 25.02.2019].

serbische Bürger, die von dem NATO-Angriff betroffen waren, nur um ihren Präsidenten zum Umdenken zu bewegen und den Bürgerkrieg zu stoppen.

Demnach formuliert er die Leitfrage: Dürfen wir Dritte töten, oder vielleicht sogar: sollen wir sie töten, wenn damit das Töten anderer verhindert werden kann? Seine Antwort lautet nein, Clinton tut unrecht. Demnach ist seine These: Humanitäre Interventionen sind unrecht. In seiner Argumentation stellt und erläutert er zwei Prämissen, die zu einer Konklusion und somit der Bestätigung seiner These führt.

2.2 Erste Prämisse

Die erste Prämisse lautet: *Clinton tut zu Beginn der Geschichte unrecht.*[6]
Dabei geht es Bittner nicht darum, dass das Töten in jedem Fall unrecht sei. „Wer sich selbst das Leben nimmt, oder wer einen anderen auf dessen Bitte tötet, der tut nicht in jedem Fall unrecht."[7] Außerdem ist das Argument der Grenzüberschreitung für ihn ebenfalls belanglos: „Ländergrenzen sind eine historische Zufälligkeit."[8] Der entscheidende Grund ist, dass unbeteiligte Dritte ihr Leben verlieren.

Das Töten eines Menschen zum Ziel eines anderen, das nicht sein Ziel ist, ist Bittners springender Punkt. Mit dem Tod von Frau Petrovic würde man das Leben von anderen kaufen und sie somit verheizen. Ihm ist es ganz gleich, „ob ihr Tod selbst es ist, der dazu dient, Milosevic von weiterem Töten abzuhalten, oder ob ihr Tod nur eine selbst nicht angestrebte, aber vorausgesehene und in dem Kauf genommene Folge einer anderen Maßnahme ist"[9]. Beides ist seiner Meinung nach nicht zumutbar. Doch es gibt Menschen, die dies wohl unterscheiden.

2.2.1 Doppelwirkungsargument

An dieser Stelle wendet er ein, dass dieser Unterschied durchaus entscheidend für diejenigen ist, welche mit der Doppelwirkung argumentieren. Bei dieser Art der Argumentation wird eine negative Folge einer positiv motivierten Handlung in Kauf genommen. Es heißt: „Der Handelnde darf die schlechte Wirkung nicht positiv wollen, darf sie aber zulassen. Wenn er

---

[6] Vgl. Bittner, Rüdiger: Humanitäre Interventionen sind unrecht. In: Humanitäre Interventionsethik, hg. von Georg Meggle, Paderborn 2004, S. 101.
[7] Vgl. ebd. S. 99.
[8] Vgl. ebd. S.100.
[9] Vgl. ebd.

die gute ohne die schlechte Wirkung erzielen kann, dann sollte er dies tun."[10] Sprich, eine Bombardierung eines Öllagers, um Milosevic zu stoppen wäre zulässig, auch wenn man den Tod von Frau Petrovic in Kauf nehmen müsste. Direktes Töten ist aber selbst hier ausgeschlossen. Das Doppelwirkungsargument ist für Bittner eine „bloße Spitzfindigkeit"[11]. Den Einwand beendet er mit dem folgenden Satz: „Wirklich rechnen wir uns sowohl die Wirkungen unseres Handelns zu, um die es uns dabei positiv zu tun war, wie auch diejenigen, die wir nur in den Kauf genommen haben."[12]

2.2.2 Instrumentalisierungsverbot

Um seine Prämisse zu bestärken, nimmt er Bezug zu Kant. Allerdings betont er, dass Kants Prinzip nur eine historische Bemerkung und kein Argument sei, denn dies ist zu umstritten. Dennoch ist Kant nach Bittner erwähnenswert, denn er trifft „unsere normalen moralischen Überzeugungen"[13], wenn er behauptet, „dass Menschen nie als bloßes Mittel behandelt werden dürfen, ohne dessen Interessen zu berücksichtigen."[14]

Zwar erwähnt Bittner auch das Gegenlager, also die utilitaristische Ansicht, welche Menschenopfer nicht verkehrt ansieht, solange genügend Gutes dabei herausspringt. Allerdings entkräftet er dies sofort mit dem Beispiel der Organabgabe eines gesunden Menschen auf fünf kranke.

Zusammenfassend lässt sich sagen: Das Benutzen unbeteiligter Menschen, selbst für einen guten Zweck, ist für Bittner somit moralisch verboten. Demnach hat er die Leitfrage beantwortet: Wir dürfen keine Dritte töten, um das Töten anderer zu verhindern.

2.3 Zweite Prämisse

Die bisherige Argumentation beruhte auf dem zu Beginn eingeführten Analogiebeispiel. Dem Leser können die Unterschiede zwischen der Geschichte und humanitärer Intervention auffallen und die gesamte Argumentation würde in Frage gestellt werden. Diese Chance nutzt Bittner für eine zweite Prämisse: *„die Geschichte vom Anfang stellt die Grundform Humanitärer Interventionen dar, und sie unterscheidet sich von diesen nicht in moralisch*

---

[10] Schroth, Jörg: Texte und Materialien zur Ethik. Deutsche Übersetzung, zitiert aus Helga Kuhse, Die „Heiligkeit des Lebens" in der Medizin. Eine philosophische Kritik, Erlangen 1994, S. 118. URL: http://www.ethikseite.de/prinzipien/zpdw.html [Stand: 25.02.2019].
[11] Vgl. Bittner 2004, S.100.
[12] Vgl. ebd.
[13] Vgl. Bittner 2004, S.101.
[14] Vgl. Bittner 2004, S.100f. Zitiert aus Immanuel Kant: Grundlegung zur Metaphysik der Sitten (1785), Akademie- Ausgabe IV, S. 428.

signifikanter Weise."[15] So kann er seine Idee genauer begründen und mögliche Einwände aus dem Weg räumen.

Bevor Bittner mit seiner Argumentation startet, stellt er klar, dass er sich der Einfachheit halber nur auf humanitäre Interventionen beschränken wird, die gegen das Töten von Menschen gerichtet sind. Damit schließt er andere Gründe wie z.B. die Unterdrückung aus. Insgesamt begründet er fünf Unterschiede zwischen der Geschichte und der tatsächlichen humanitären Intervention. Bittner startet mit dem für ihn weniger bedeutsamen Unterschied und endet mit dem Stärksten.

2.3.1 Erster Unterschied

Der Erste Unterschied betrifft das Verfahren bis zur tatsächlichen Tötungshandlung. In der Geschichte ist es ganz einfach: Person A bittet Person B eine andere Person C umzubringen. In der Realität wird ein „hochkomplizierter institutioneller und auch technischer Apparat in Gang gesetzt"[16], bei dem viele Menschen beteiligt sind und es somit nicht nachvollziehbar ist, wer die unbeteiligten Dritten tötet. Der Aufwand des Verfahrens ist unwesentlich, wenn es um die Frage geht, ob es recht ist, unschuldige Dritte zu töten. Für Bittner ist dieser Unterschied moralisch unerheblich.

2.3.2 Zweiter Unterschied

Ein weiterer Unterschied ist, dass in der Geschichte der Name des Opfers vorweg bekannt und in humanitären Interventionen noch ungewiss ist. Menschen werden zum Opfer, wenn sie sich an einem falschen Ort zur falschen Zeit aufhalten. Für Bittner gibt es keinen moralischen Unterschied, ob eine Bombe in die Menge geworfen wird, oder gezielte Todeskommandos ausgeführt werden. Unschuldige sterben für ihn in beiden Fällen.

2.3.3 Dritter Unterschied

Interessanter ist der Unterschied der Zahlen. In Bittners Geschichte dient ein Opfer zur Rettung von nur einem Leben, „aber Humanitäre Interventionen mögen Tausenden das Leben retten zum Preis von einigen wenigen Toten."[17] Doch selbst dieser Unterschied ist für Bittner moralisch nicht tragend, denn dies ist ganz klar ein Handel und wie zuvor festgestellt, darf man Menschen nicht verheizen. Man an darf es „auch nicht bei besonders günstigen Preisen."[18] Für solche Dilemmata gibt es in der Ethik einige Gedankenexperimente. Drei

---

[15] Vgl. Bittner 2004, S.101.
[16] Vgl. ebd.
[17] Vgl. Bittner 2004, S.102.
[18] Vgl. ebd.

davon nutzt er als mögliche Einwände gegen seine Aussage und gibt auch Antworten, um diese für die Situation zu entkräften.

Der erste Einwand ist das Inselbeispiel. Wenn man mit einem Boot nur eine von zwei Inseln in einer bestimmten Zeit erreichen kann, um Menschen zu retten, würde er zur Insel mit zehn Menschen eilen, statt zur Insel mit einer Person? Ja, das würde er tun. Er begründet es damit, dass er die eine Person nicht opfert, sondern nur keine Zeit hat, sie zu retten. Dies wäre für ihn keine aktive Tötung.

Dagegen zieht er das Beispiel mit dem Tyrannen heran. Wenn ihm dieser einen Handel vorschlagen würde: einen töten, um zehn zu befreien, die er andernfalls töten würde, dann lehnt Bittner ab. Grund dafür ist, dass dies ein „Menschenopfer"[19] wäre und darauf geht er nicht ein.

Als letztes zieht er das Trolley-Dilemma heran. Wenn die Bremsen des Straßenbahnwagens versagen, würde auch Bittner den Wagen auf einen Menschen umlenken, statt fünf zu überfahren. Doch bei diesem Beispiel handelt es sich für ihn nicht um einen Handel. „Denn in diesem Fall bin ich nicht jetzt der Urheber des Unheils, das ihn trifft. Das Unheil ist schon unterwegs, ich lenke es nur in eine andere Richtung."[20] Dennoch macht er diesen Einwand nichtig, indem er die Parallele zu der Geschichte herstellt: „Anders Clinton in der Geschichte vom Beginn: er lenkt nicht dasselbe Unheil, das Pernat bedroht, nur auf Petrovic um, sondern er schickt von sich aus Unheil gegen sie."[21] Somit ist das Trolley-Dilemma für ihn nicht auf humanitäre Interventionen übertragbar, denn dort ist es ein klarer Fall des Handels. Clinton gibt das Leben von Petrovic wie eine Münze weg und bekommt im Gegenzug das Leben von Pernat, sprich die Ware.

2.3.4 Vierter Unterschied

Im nächsten Unterschied betrachtet Bittner die Wahrscheinlichkeit der tatsächlichen Gefahr, dass unschuldige Menschen zu Opfern werden. In seiner Geschichte ist Petrovic das direkte Opfer. Doch wie hoch ist die Wahrscheinlichkeit im Falle der Intervention, dass es einen Unschuldigen trifft? Bittner stellt sich die Frage, ob er eine bestimmte Wahrscheinlichkeit für Petrovics Tod in Kauf nehmen würde, um einen anderen zu retten. Diese Art des Handels weist er tatsächlich nicht ab. Er begründet: „Jemand einer Situation aussetzen, die ihm mit geringer Wahrscheinlichkeit großen Schaden bringt, um eines ihm fremden Vorteils willen, ist vertretbar, und wir tun es auch ständig."[22] Allerdings gibt es bei diesem Argument eine

---

[19] Vgl. ebd.
[20] Vgl. ebd.
[21] Vgl. ebd.
[22] Vgl. Bittner 2004, S.103.

Einschränkung: „Wo die Grenze zwischen zumutbarem und unzulässigem Risiko liegt, weiß ich nicht"[23]. Für Bittner ist dies ohne Belang, denn humanitäre Interventionen bringen Menschen voraussagbar den Tod. Die Frage nach der zumutbaren Todeswahrscheinlichkeit ist somit nichtig.

2.3.5 Fünfter Unterschied

Der letzte und wichtigste Unterschied zwischen der Geschichte und der Intervention ist der Status der Personen. In der Geschichte geht es um Privatpersonen und in der Realität um Angehörige eines Staates. Auf die Position der Individuen kommt es bei humanitären Interventionen gerade an. In der Geschichte ist Milosevic privater Auftraggeber von Morden, der Milosevic einer humanitären Intervention dagegen lässt Einwohner seines Landes umbringen. Demnach ist also keine Privatperson gefährdet, sondern die Bürger eines Staates.

Ein Einwand wäre, dass die Bürger selbst für ihre Repräsentanten haftbar sind. „Es ist nicht unrecht, Petrovic zu töten, um Milosevic Einhalt zu gebieten, weil Petrovic und Milosevic hinsichtlich des politischen Handelns dieses Staats nur verschiedene Seiten desselben sind, nämlich des betreffenden Volks."[24]

Doch sie wäre nur für ihn haftbar, wenn sie ihn ermächtigt hätte, was sie eben nicht tat. Außerdem wäre sie haftbar, wenn sie tatsächlich nur verschiedene Seiten desselben wären. Doch eine Einheit, im Sinne einer gemeinsamen Kultur, zwischen den Individuen ist nicht erkennbar. „Nicht im gemeinsamen Geist [...], Geschichte, Abstammung oder Territorium: alles das stiftet nicht Einheit, nur Ähnlichkeit."[25]

Bittners Fazit zum Einwand lautet: „Kein Grund ist somit zu erkennen, der es rechtfertige oder auch nur nahe legte, Petrovic für Milosevics Morden haftbar zu machen. Sie ist bei diesem Morden wirklich nur Dritte."[26] Wenn man diese Aussage auf humanitäre Interventionen überträgt, dann sind die Bürger ebenfalls nicht haftbar und nur unschuldige Dritte.

Clinton könnte ja schuldige Menschen umbringen lassen, beispielsweise Milosevic. Doch hier ist der Grund dafür entscheidend. Anschläge auf fremde Herrscher als Strafe für sein Morden sind unzulässig. Schließlich ist Clinton nicht sein Richter. Dies wäre nur legitim, wenn es das einzig geeignete Mittel ist, Milosevic an weiteren Morden zu hindern. Es ist nur

---

[23] Vgl. ebd.
[24] Vgl. Bittner 2004, S.104.
[25] Vgl. ebd.
[26] Vgl. ebd.

dann ein geeignetes Mittel, „wenn es nicht wieder neues Unheil herbeiführt, zum Beispiel nur den nächsten Mörder nachrücken lässt."[27]

Bittners Fazit dafür lautet: „Petrovic zu töten, um Milosevic vom Töten abzubringen, ist nicht recht, aber Milosevic zu töten, um ihn am Töten zu hindern, mag recht sein."[28] Dabei schließt er alle mit ein, die beim Morden mitmachen, sei es direkt oder indirekt. „Also nicht die Finanzbeamten, aber die Heeresverwaltung, nicht die Putzfrauen, aber die Transporteinheit."[29] Selbst die Sekretärin in der Heeresverwaltung wirkt indirekt mit und ist somit haftbar. Bittner stellt klar: „kommt sie dabei zu Schaden, wenn versucht wird, dem Morden Einhalt zu gebieten, so geschieht ihr kein Unrecht."[30] Das bedeutet, dass der Tod der unschuldigen Petrovic bzw. Bevölkerung unrecht ist, aber der Tod von mitbeteiligten Menschen wie der Sekretärin vertretbar wäre.

2.4 Bittners Ergebnis

Bittner beendet seinen Text mit einem Syllogismus. Dabei benutzt er zwei Prämissen, die aus der gesamten Argumentation deutlich wurden und folgerte einen Schluss in einer Konklusion.

Die erste Prämisse lautet: „Humanitäre Interventionen: sind nur soweit gerechtfertigt, wie sie darauf zielen, den Mördern und denen, die ihnen helfen, in den Arm zu fallen; sind nicht gerechtfertigt, wenn sie Unbeteiligte dafür opfern, dass das Morden aufhört."[31] Die zweite Prämisse ist: „Tatsächlich opfern alle Humanitäre Interventionen Unbeteiligte für ihre Ziele."[32] Und daraus ergibt sich die Konklusion: „Tatsächlich sind Humanitäre Interventionen immer unrecht."[33]

Der gesamte Text ist auf zwei Prämissen aufgebaut, die Bittner jeweils ausführlich begründete. Basierend auf den Begründungen ließen sich zum Ende zwei abschließende Prämissen aufstellen, die zu einem logischen Schluss führten. Dieser wiederum bestätigt die Ausgangsthese, dass humanitäre Interventionen immer unrecht seien. So gelang es Bittner den Text rund abzuschließen.

---

[27] Vgl. Bittner 2004, S.105.
[28] Vgl. ebd.
[29] Vgl. ebd.
[30] Vgl. ebd.
[31] Vgl. Bittner 2004, S.106.
[32] Vgl. ebd.
[33] Vgl. ebd.

3. Kritik

3.1 Argumentation der ersten Prämisse

Die erste Prämisse begründet Bittner nur mit zwei Punkten. Zum einen setzt er auf das Instrumentalisierungsverbot und zum anderen entkräftet er das Doppelwirkungsargument.

Ich wende mich zuerst dem Instrumentalisierungsverbot.

Hier stützt sich Bittner auf Kants Prinzip, möchte es aber nicht als Argumentation betiteln, da es zu umstritten sei und nutzt diesen lediglich als eine historische Bemerkung. Für mein Verständnis wäre eine Bemerkung ein Zusatz bzw. eine Stärkung einer bereits bestehenden Stellungnahme, doch Bittner benutzt diese Bemerkung als alleinige Begründung, dass Petrovics Tod unrecht wäre. Für ihn ist sie nur Mittel zum Zweck, ohne, dass ihre Belange berücksichtigt werden. Mit Kants Einstellung zieht er außerdem zur Unterstreichung seiner Position das Organbeispiel heran und weist somit einen möglichen utilitaristischen Einwand ab.

An dem Punkt habe ich das Gefühl, als würde Bittner Kant nur dann erwähnen, wenn es ihm günstig ist. Beispielsweise erwähnt er nicht, dass Kant ebenfalls den Selbstmord abweist: „da der Mensch keine Sache ist, darf er nicht als Mittel gebraucht werden, was im Selbstmord geschieht."[34] Für Bittner dagegen ist er durchaus legitim, weshalb für ihn das Töten grundsätzlich nicht moralisch verwerflich ist, wie er es zu Beginn erklärte.

In seiner Argumentation, welche im Grunde die These begründen soll, habe ich das Gefühl, dass Bittner keine differenzierte Auseinandersetzung zum Thema bietet, sondern eher eine einseitige Argumentation zu Gunsten der These führt.

Auch Peter Schaber äußerte Kritik zu Bittners Instrumentalisierungsaussagen. Er ist nicht der Meinung, dass der Tod von Menschen ein bloßes Mittel zum guten Zweck ist und sieht es vielmehr als eine nicht intendierte Nebenfolge an. Zudem schließt er es nicht aus, dass die Betroffenen einer Intervention selbst zustimmen würden: „Wenn die damit verbundenen Risiken für die Betroffenen akzeptabel sind, ist eine humanitäre Intervention im Sinne der Menschen, die geschützt werden sollen, und entsprechend aus deren Sicht auch zustimmungsfähig."[35] Die Verhinderung von Menschenrechtsverletzungen muss auch in ihrem Interesse liegen, somit sind sie nicht bloßes Mittel zum Zweck.

Zudem sieht er einen Unterschied zwischen humanitären Interventionen und dem, zur Bekräftigung genutzten, Organbeispiel. „Im Organbeispiel – anders als bei humanitären

---

[34] Vgl. Müller, W. E.: Argumentationsmodelle der Ethik. Stuttgart: W. Kohlhammer 2003, S.63.
[35] Vgl. Schaber, Peter: Instrumentalisierung und Würde. Paderborn: mentis Verlag GmbH 2010, S. 138.

Interventionen – ist das Töten eines Menschen allerdings in der Tat ein Mittel zur Erreichung des guten Zwecks: Der Tod der Person, die ausgeschlachtet wird, ist intendiert und nicht als Nebenfolge eines Tuns bloss in Kauf genommen. Dagegen gilt bei humanitären Interventionen: Das dabei verfolgte Ziel, Menschenrechtsverletzungen zu verhindern, könnte theoretisch auch erreicht werden, ohne dass man Menschen schweren Schaden zufügt. Demgegenüber lassen sich den fünf kranken Menschen die Organe des gesunden Menschen nicht einpflanzen, ohne diesen zu töten. Hier ist der Tod Mittel zum Zweck, bei der humanitären Intervention nicht."[36] Durch seine andere Sicht auf die Dinge akzeptiert er das Instrumentalisierungsverbot nicht und fügt sich automatisch der utilitaristischen Sicht, auf die Bittner leider nicht weiter einging und somit fehlen Argumente, die Schabers Ansicht eventuell hätten nochmal ändern können.

Ein möglicher Grund, warum Schaber auf diese Weise denkt, ist, dass er von humanitären Interventionen als eine theoretische Idee im Allgemeinen ausgeht. Doch Bittner bezieht sich explizit auf die Geschehnisse in Jugoslawien. Seine gesamte Argumentation des Textes baut nur auf den einen Fall auf, aber seine These lautet: Humanitäre Interventionen sind unrecht. Nicht: Humanitäre Interventionen in Jugoslawien waren unrecht. Bittner geht also von einem Fall aus und pauschalisiert so alle vergangenen und zukünftigen Einsätze. Da die These allgemein formuliert ist, ist das ein Punkt, der angreifbar ist.

Nichtsdestotrotz gehe ich im weiteren Verlauf von Bittners Denkrichtung aus. Betrachtet man Schabers Aussage also direkt auf den Fall in Jugoslawien, so würde ich eher weniger davon ausgehen, dass die Betroffenen einer humanitären Intervention zustimmen würden. In sicheren Bedingungen will wahrscheinlich jeder, dass Menschenrechtsverletzungen verhindert werden, aber wenn man angegriffen wird, damit es anderen besser geht, dann hat man andere Prioritäten, nämlich die der eigenen Sicherheit. Meiner Meinung nach ist Schabers Gedanke dann passend, wenn die Betroffenen selbst in Gefahr wären. Doch meines Wissens nach waren eher die Kosovo-Albaner vor der Intervention in Gefahr und weniger die Serben, die letztendlich bei der Intervention zu Opfer fielen.

Bezüglich des Organbeispiels, ob der Tod Unschuldiger beabsichtigt war oder nur hingenommen wurde, finde ich es schwierig zu entscheiden. Es gibt schließlich zwei Seiten. Aus der Sicht des Opfers ist es irrelevant, ob es durch einen Luftanschlag oder gezielten Todschlag stirbt. Aus der Sicht des Befehlshabers weiß man nicht wie die Bedingungen

---

[36] Vgl. ebd. S.137.

waren und ob sein Kommando nach seinen Plänen verlief oder nicht. Wir wissen nicht welche ursprüngliche Intention er bezüglich der Bürger hatte, das weiß nur er selbst.

Dieser Unterschied, ob der Tod beabsichtigt ist oder nur in Kauf genommen wird, ist aber entscheidend bei der Argumentation der Doppelwirkung. Doch Bittner entkräftet dies einfach als „bloße Spitzfindigkeit" ohne großartig darauf einzugehen. Dafür, dass es einige Menschen gibt, die dieses Prinzip durchaus anwenden würden, hat mir eine ausführlichere Auseinandersetzung dazu gefehlt.

Abgesehen von der mangelnden Begründung stimme ich aber Bittners Gedanken zu. Die Inkaufnahme menschlichen Lebens für positive Folgen halte ich nicht für moralisch vertretbar. Allein die Bedingungen, die das Prinzip der Doppelwirkung ausmachen, werden mit einer Bombardierung, um Milosevic zu stoppen, nicht eingehalten. Dennoch wird mit einem Punkt, welches auch die Bedingung des Prinzips ist, gerne argumentiert.

„Die gute Wirkung muß hinreichend wünschenswert sein, so daß sie das Zulassen der schlechten Wirkung aufwiegt. Bei dieser Entscheidung müssen viele Faktoren abgewogen und verglichen werden, und zwar mit einer Sorgfalt und Umsicht, die der Wichtigkeit des Falls angemessen ist."[37]

Obwohl ich bei der Recherche sehr oft dieses Argument gelesen habe, gefiel mir die Aussage von Walter Pfannkuche: „Die zu verhindernden Menschenrechtsverletzungen müssen deshalb schwerer wiegen als die im Rahmen einer Humanitären Intervention erzeugten Übel. Eine Humanitäre Intervention kann nur dann moralisch gerechtfertigt sein, wenn sie nicht mehr Schaden anrichtet, als die verhindert. So plausibel die Bedingung ist, so schwer ist zu entscheiden, ob sie erfüllt ist. Für einen solchen Vergleich müsste man die Güter und die Übel quantifizieren können und dabei gibt es vor allem vier Probleme."[38]

Die Aufzählung der Probleme ist für unseren Rahmen nicht relevant, aber damit zeigt er deutlich seine Skepsis bezüglich der Einsetze, wenn sie mit der Quantität argumentiert werden.

Unabhängig davon, wie viel Leben dadurch gerettet werden, müssen Einzelne dafür sterben. Bittner bezeichnet dies als einen Handel, bei dem einer sein Leben aufgeben muss, um das des anderen zu retten. Dementsprechend werden die Opfer verheizt, was ihnen nicht

---

[37] Vgl. Kuhse, Helga: Die „Heiligkeit des Lebens" in der Medizin. Eine philosophische Kritik, Erlangen: Fischer 1994, S. 118.
[38] Vgl. Pfannkuche, Walter: Humanitäre Interventionen und andere Hilfspflichten. In: Humanitäre Interventionsethik, hg. von Georg Meggle, Paderborn 2004, S. 135.

zumutbar ist. Dies ist für sein Moralverständnis nicht akzeptabel, sodass es irrelevant ist, wieviel Gutes dabei einhergeht. „Wenn man Menschen nicht verheizen darf, darf man es auch nicht bei besonders günstigen Preisen."[39]

Somit befinden wir uns schon bei der zweiten Prämisse.

3.2 Argumentation der zweiten Prämisse

Hier arbeitet Bittner mögliche Kritikpunkte ab, die sein Analogie-Argument anfechten könnten. Alle fünf Unterschiede zwischen seiner Geschichte und humanitären Interventionen erklärt er als moralisch unerheblich.

Ich möchte noch mal zu seinem Verbot der Verheizung zurückkehren. Bittner gibt drei mögliche Einwände und widerlegt diese sofort. Seine Widerlegungen sind mir aber nicht ganz plausibel. Alle drei Gedankenexperimente haben das gleiche Schema, aber unter veränderten Bedingungen. Es muss unter verschiedenen Bedingungen über das Schicksal von Menschen entschieden werden.

In dem Inselbeispiel würde sich Bittner für die Rettung von fünf Menschen, statt des einen entscheiden. Dabei sagt er, er opfere nicht die eine Person, sondern hat nicht die Zeit sie zu retten. Für mich scheint diese Begründung nur als Augenwischerei. Im Grunde muss er sich entscheiden, welches Leben er opfert und welches er rettet. Er entscheidet sich also für die fünf, weil dies ein geringeres Übel ist, als wenn einer ertrinkt. Wenn man die beschönigende Formulierung weglässt und es realistisch betrachtet, hat sich Bittner soeben dafür entschieden, den Tod einer Person in Kauf zu nehmen, statt den der fünf. Die Begründung, er hätte nicht die Zeit dafür, ist meines Erachtens nur eine zurecht gelegte Antwort.

In dem Trolley-Dilemma würde er ebenso die Weichen umstellen und eher den einen überfahren, als die ursprünglichen fünf Personen. Für Bittner ist dies ebenfalls kein Kauf der fünf Leben, denn hier ist er schließlich nicht der Urheber des Unheils. Da frage ich mich: Ist es bei Interventionen nicht ebenfalls der Fall? In Jugoslawien herrschte davor Bürgerkrieg und hätte die NATO nicht eingegriffen, metaphorisch gesprochen – die Weichen gestellt – hätte der Zug womöglich die fünf umgefahren. Ich sehe die Intervention nicht als Urheber des Unheils – dies wäre Milosevic – sondern als den Eingriff in die Weichenstellung. Doch bei solchen Experimenten gibt es nicht die richtige Lösung, somit bleibt dies Ansichtssache.

Verwirrend finde ich Bittners Aussage zum Tyrannenbeispiel. Um zehn Menschen zu retten, müsste er eine Person töten. Dies lehnt er ab und benennt es als Menschenopfer, worauf er nicht eingehen will. Ich sehe keinen erheblichen Unterschied zwischen diesem Fall und den zwei davor. Hier müsste Bittner aktiv einen Menschen töten und das ist wohl sein

---

[39] Vgl. Bittner (2004), S.102.

Ausschließkriterium. Allerdings sehe ich die Weichenumstellung ebenfalls als bewusste Opferung eines Menschen, nur in einer ausweglosen Situation. Doch wenn wir bei dem Tyrannenbeispiel weiterdenken, und Bittner hätte eine Person nicht getötet, so würde er indirekt zehn Menschen für die Bewahrung seiner Prinzipien opfern, da er der Konsequenz bewusst war.

Übertragen wir das auf die reale Situation, würde Bittner nicht intervenieren und das Sterben vieler Menschen in Jugoslawien zulassen. Das Töten Unschuldiger ist durchaus unrecht, doch in der Situation würden unschuldige Bürger so oder so sterben.

Für mich sind seine Begründungen also nicht einschlägig genug, dass man Menschen nicht zu geringen Preisen verheizen darf. Seine zur Unterstützung dienenden Beispiele sind in meinen Augen anfechtbar. Irgendwo geschieht allen Menschen in den drei Beispielen unrecht, die aufgrund einer fremden Entscheidung, zugunsten des Lebens anderer, sterben müssten. Demnach sehe ich keinen Mehrwert, die drei Beispiele zu nutzen, um zu unterstreichen, dass man Menschen nicht „zu günstigen Preisen" verheizen darf.

Die gesamte zweite Prämisse begründet Bittner, dass es keine signifikanten moralischen Unterschiede zwischen seiner Geschichte und humanitärer Interventionen gibt. Warum tut er das? Auf den ersten Blick scheint es als ziemlich überflüssig, eine ganze Prämisse und somit über die Hälfte des Textes dafür zu verwenden. Dabei hätte er doch konkret immer nur von humanitären Interventionen sprechen können. Doch ich vermute, dass er diese Art und Weise gewählt hat, um eventuell eine blauäugige Einstellung zu dem Einsatz zu ändern und die Augen zu öffnen. Schließlich ist die Bezeichnung »humanitäre Intervention« ziemlich positiv konnotiert und verleitend zum gutgläubigen Denken. Deswegen wählt Bittner eine Analogie, die einem gezielten Auftragsmord gleicht.

Wenn man das so formuliert, hört sich das absurd an, doch Bittners folgende Begründungen sind für mich einleuchtend. Bei einem Auftragsmord ist das Opfer bereits auserwählt und die Todeswahrscheinlichkeit beträgt somit 100%. Bei humanitären Interventionen denkt man, ist dies nicht der Fall. Die Opfer waren nur am falschen Ort zur falschen Zeit und somit ist es eine Frage der Wahrscheinlichkeit, dass es einen erwischt. So habe ich früher gedacht und für humanitäre Interventionen argumentiert. Doch bei genauerer Überlegung ist das moralisch völlig irrelevant, ob Person A oder Person B stirbt. Entscheidend ist, dass überhaupt jemand dabei stirbt. Jedes Leben ist schließlich gleich wert. Und Bezüglich der Todeswahrscheinlichkeit hofft man, dass diese eher gering ist. Wäre das so, wären militärische Interventionen sogar noch hinnehmbar. Doch bei solchen Einsätzen handelt es

sich nicht mehr um Wahrscheinlichkeiten; „Sie bringen Menschen voraussagbar den Tod"[40].
Genauso sieht es auch Harald Wohlrapp: „Beim gegenwärtigen Stand der Waffentechnik
gibt es keinen Krieg, in dem nicht Zivilbevölkerung und Umwelt in schwerste
Mitleidenschaft gezogen wird. [...] Es ist eben so: Ein Krieg, auch wenn er der Wahrung
und dem Schutz der Menschenrechte dienen soll, begeht massive
Menschenrechtsverletzungen an "Dritten"."[41]

Ganz zum Schluss diskutiert Bittner, wessen Tod in der Situation moralisch vertretbar wäre,
bzw. wer für Milosevics Handeln haftbar gemacht werden könnte. Dass die zivile
Bevölkerung in der Situation nur unschuldige Dritte ist, das ist nun bekannt. Doch was ist
mit Milosevic selbst? Man hätte ihn als Strafe oder als Verhinderung weiterer Morde
angreifen können. Ersteres ist höchst problematisch und wird auch von Volker Stümke als
nicht rechtmäßig eingestuft: „Eine Bestrafung des Bösen – sei es Milosevic persönlich, seien
es die serbischen Machthaber und ihre ausübenden Organe – wäre hingegen als Intention
höchst problematisch, weil es sich um einen Rechtsakt handelt, zu dem man (in diesem Fall)
keine Befugnis nachweisen kann, auch wenn nicht bestritten werden soll, dass Milosevic
diktatorisch vorgeht."[42]
Demnach bleibt nur die zweite Variante. Genauso legitim wäre für ihn auch die Tötung
mitwirkender Personen, selbst Milosevics Sekretärin. Wäre sie bei einer militärischen
Aktion zu Schaden gekommen, geschehe ihr kein Unrecht. Demnach müsste die Hilfe von
außen (NATO) immer am Kern ansetzen, um das Unheil zu stoppen und nicht weitere Bürger
zu morden, um auf Milosevic Druck auszuüben.

Bittner argumentierte in dem Text nur um zu bestätigen, dass das Töten Unschuldiger Dritter
unrecht war. Doch interessant wäre die Gegenalternative: Wäre das Nichteinschreiten bei
Menschenrechtsverletzungen denn moralisch vertretbar?
Doch dafür müsste man die Gesamtsituation gut genug kennen, um zu entscheiden, ob es
schlimm wäre, wenn man dies nicht täte. Bezüglich des damaligen Wissenstandes gibt es
heutzutage kritische Äußerungen, dass die Berichterstattung nicht ganz wahrheitsgetreu war.
So hat auch Olaf Müller folgende Einstellung zu der damaligen Situation: „Hier haben wir
ein Beispiel für propagandistische Faktenverzerrungen, die sich selbst im Nachhinein nur

---

[40] Vgl. Bittner, 2004, S.103.
[41] Vgl. Wohlrapp, Harald: Die "Humanitäre Intervention" ist pragmatisch inkonsistent. In: Humanitäre
Interventionsethik, hg. von Georg Meggle, Paderborn 2004, S. 192f.
[42] Vgl. Stümke, Volker: Der Kosovokrieg als Anwendungsfall einer Politischen Ethik für das 21.
Jahrhundert. In: Goebel/ Wetzel (2001): Eine moralische Politik? Vittorio Hösles Politische Ethik in der
Diskussion. Würzburg: Königshausen & Neumann 2001, S.249.

schwer entwirren lassen. Fest steht jedenfalls, dass zu Beginn der NATO-Intervention so gut wie kein Mensch im Westen guten Gewissens behaupten konnte, die Vorgeschichte des Konflikts genau genug zu kennen, um dessen wahre Wurzeln wirklich benennen zu können. Kurzfristiger Aktionismus beherrschte die politische Bühne, anstelle von bedachter, historisch informierter Reflexion."[43]

Zumindest gilt dies für das Denken der Öffentlichkeit, schließlich kann man nie wissen, ob die Berichterstattung damals so gewollt war, um eine Intervention gesellschaftlich zu legitimieren. Letztendlich ist dies eine Chance, um eigene geopolitischen Interessen zu verwirklichen.[44]

---

[43] Vgl. Müller, Olaf L.: Was wissen Sie über Kosovo? In: Humanitäre Interventionsethik, hg. von Georg Meggle, Paderborn 2004, S. S.67.
[44] Zum weiteren Nachlesen über die Motive für die Bombardierung von Jugoslawien schreibt Johan Galtung ebenfalls in dem Sammelband von Georg Meggle ab Seite 203.

4. Schluss

Bittner liefert seinen Lesern verschiedene Argumente und wehrt mögliche Einwände ab. Etwas schwierig finde ich, dass er nicht mit Fakten arbeitet, vielmehr mit eigenen Ansichten, die man als Leser entweder teilt oder nicht. Beispielsweise empfinde ich seine Begründungen der als Einwand genutzten Gedankenexperimente als gewagt. Gerade bei Gedankenexperimenten können sich Ansichten weit voneinander unterscheiden, sodass ich mit seinen sehr einfach gemachten Begründungen nicht überzeugt werden konnte. An der einen und der anderen Stelle habe ich das Gefühl, dass er sich den Text so zurecht schreibt, um den Anschein einer sicheren und widerspruchsfreien Beweisführung zu gewinnen. Dies ist aber wahrscheinlich notwendig, um auf einen logischen Schluss zu kommen, dass humanitäre Interventionen immer unrecht seien. Ob dies tatsächlich auf alle Einsätze pauschal anwendbar ist, bin ich nicht im Stande zu entscheiden. Aber bezogen auf die Bürger im Kosovoeinsatz schließe ich mich Bittner an.

Trotz der einzelnen Kritikpunkte ist eine grundlegende Konsistenz sowie klare Stringenz des gesamten argumentativen Textes deutlich erkennbar. Dies sowie die analoge Übertragung der Situation auf eine überspitzte Geschichte führten bei mir dazu, dass ich einen kritischeren Blick in Bezug auf humanitäre Interventionen erhalten habe. Davor ging ich einfach davon aus, dass solche Einsätze nur Gutes mit sich bringen. Nach einer kritischen Auseinandersetzung habe ich einen weiteren Blick für das Thema gewonnen.

Dennoch besteht bei mir immer noch die Hoffnung, dass humanitäre Interventionen in Zukunft auf fairem Wege durchgeführt werden, doch mit einem militärischen Einsatz ist dies nicht möglich.

„Es gibt keinen Weg zum Frieden, denn Frieden ist der Weg."
-Mahatma Ghandi

Literaturverzeichnis

Bittner, Rüdiger: Humanitäre Interventionen sind unrecht. In: Humanitäre Interventionsethik, hg. von Georg Meggle, Paderborn 2004, 99-106.

Ivanji, Andrej: Wie es zum Krieg im Kosovo kam. (15. Mai 2018, 10:55 Uhr) URL: https://www.mdr.de/heute-im-osten/ostblogger/wie-es-zum-Krieg-im-Kosovo-kam-100.html [Stand: 25.02.2019].

Kuhse, Helga: Die „Heiligkeit des Lebens" in der Medizin. Eine philosophische Kritik, Erlangen: Fischer 1994.

Meggle, Georg: Humanitäre Interventionsethik. Paderborn: mentis Verlag GmbH 2004.

Müller, Olaf L.: Was wissen Sie über Kosovo? In: Humanitäre Interventionsethik, hg. von Georg Meggle, Paderborn 2004, 59-96.

Müller, W. E.: Argumentationsmodelle der Ethik. Stuttgart: W. Kohlhammer 2003.

Pfannkuche, Walter: Humanitäre Interventionen und andere Hilfspflichten. In: Humanitäre Interventionsethik, hg. von Georg Meggle, Paderborn 2004, 133-145.

Rinaldi, Stefanie: Humanitäre Interventionen: militärische Operationen zum Schutz der Menschenrechte (24.08.2015) URL: https://www.humanrights.ch/de/internationale-menschenrechte/uno/sicherheitsrat/interventionen/ [Stand: 25.02.2019].

Rütsche, Norbert: Kosovo - ein Überblick über die Geschichte. (2008) URL: http://archiv.eurotopics.net/de/home/presseschau/archiv/magazin/politik-verteilerseite/kosovo-2008-03/kosovo_ueberblick_geschichte/ [Stand: 25.02.2019].

Schaber, Peter: Instrumentalisierung und Würde. Paderborn: mentis Verlag GmbH 2010.

Schroth, Jörg: Texte und Materialien zur Ethik. Deutsche Übersetzung, zitiert aus Helga Kuhse, Die „Heiligkeit des Lebens" in der Medizin. Eine philosophische Kritik, Erlangen 1994, S. 118. URL: http://www.ethikseite.de/prinzipien/zpdw.html [Stand: 25.02.2019].

Stümke, Volker: Der Kosovokrieg als Anwendungsfall einer Politischen Ethik für das 21. Jahrhundert. In: Goebel/ Wetzel (2001): Eine moralische Politik? Vittorio Hösles Politische Ethik in der Diskussion. Würzburg: Königshausen & Neumann 2001, 229-266.

Wohlrapp, Harald: Die "Humanitäre Intervention" ist pragmatisch inkonsistent. In: Humanitäre Interventionsethik, hg. von Georg Meggle, Paderborn 2004, 181-200.

BEI GRIN MACHT SICH IHR WISSEN BEZAHLT

- Wir veröffentlichen Ihre Hausarbeit,
  Bachelor- und Masterarbeit

- Ihr eigenes eBook und Buch -
  weltweit in allen wichtigen Shops

- Verdienen Sie an jedem Verkauf

Jetzt bei www.GRIN.com hochladen und kostenlos publizieren